글 권정아

쓸데없는 생각을 쓸모 있는 글로 옮깁니다. 사회 동화 「안냥안냥 고양이 호텔」 시리즈와 과학 동화 「냉장고 히어로 김치치」 시리즈를 쓰고 있습니다. 함께 지은 책으로는 『초등학생을 위한 거의 모든 과학 개념어』, 『코딩&과학 동시에 잡는 CSI 코딩수사대』, 『공부 습관을 잡아주는 초등 방학 탐구생활』 등이 있습니다.

그림 벼레

일상의 소소한 것들 속에서 새로운 즐거움을 발견하며 그림책 작업을 하고 있습니다. 쓰고 그린 책에는 『쌀알 돌알』이 있고, 그린 책으로는 『문을 쾅 닫으면』, 『우리 과자 왕중왕전』, 『큼큼 산신령의 속담 상담소』 등이 있습니다.

웅진주니어

❶ 엉망진창 호텔의 비밀

초판 1쇄 발행 2026년 2월 2일 | 초판 2쇄 발행 2026년 3월 2일
글 권정아 | 그림 벼레
발행인 윤승현 | 편집장 안경숙 | 편집 최새롬 | 디자인 김홍비
마케팅 정지운, 박보미, 김지윤 | 제작 신홍섭
펴낸곳 (주)웅진씽크빅 | 주소 경기도 파주시 회동길 20 (우)10881
문의 031)956-7440(편집) 031)956-7569, 7570(마케팅)
홈페이지 www.wjjunior.co.kr I 블로그 blog.naver.com/wj_junior I 인스타그램 @woongjin
출판신고 1980년 3월 29일 제406-2007-00046호 | 제조국 대한민국 | 사용연령 7세 이상

978-89-01-29883-2 74810 · 978-89-01-29882-5(세트)

1 엉망진창 호텔의 비밀

글 권정아 · 그림 벼레

웅진주니어

차례

고양이 호텔
사회 교과 연계
4학년 1학기 1단원
지도로 만나는 우리 지역
4학년 2학기 1단원
민주주의와 자치
5학년 1학기 3단원
법과 인권의 보장

책 읽는 것을 좋아하는 초등학생.
아는 지식도 많고 문제 해결력이 뛰어나다.

다정하고 배려심이 많은 성격으로, 고양이 호텔에
방문한 손님들의 마음을 잘 헤아린다.

활발하고 적극적인 성격의 소유자.
처음 보는 누구와도 금방 쉽게 다가가 친해진다.

고양이 호텔의 주인.
신비한 마법을 쓸 수 있다.

고양이 호텔 직원들을 소개합니다.

프런트 팀

1번 냥
주목받고 싶은
샴 고양이

11번 냥
재하

12번 냥
지안

13번 냥
유나

식당 팀

2번 냥
세상에서 먹는 게 제일 좋은
브리티시 숏헤어

3번 냥
예술적 감성이 뛰어난
스코티시 폴드

4번 냥
턱시도 무늬가
매력적인 고양이

관리 팀

10번 냥
만물상 가방을
들고 다니는 고양이

5번 냥
에너자이저
고양이

6번 냥
5번 냥과
영혼의 단짝

청소 팀

7번 냥
호기심 대장
벵갈고양이

8번 냥
엄청난 덩치의 소유자
노르웨이 숲 고양이

9번 냥
토실토실 귀여운
코리안 숏헤어

프롤로그

길고양이와의 만남

아주 오랜 옛날, 깊은 산속에 작은 호텔이
하나 있었어. 인간들 눈에는 띄지 않고,
동물들만 알고 있는 고양이 호텔이야.
고양이 호텔
동물들은 고양이 호텔에서 하룻밤 쉬어 가곤 했지.

고양이 호텔에는 『고양이 호텔 경영 비법책』이 대대손손 전해져 내려왔어. 호텔 직원들은 이 책에 실린 방법대로 호텔을 운영했고, 그 덕분에 호텔은 손님들로 북적였지.

그러던 어느 날, 낡고 허름해진 비법책이 갑자기 펑 터지며 누더기가 되고 말았어. 직원들은 더 이상 책의 도움을 받을 수 없었지. 결국 호텔 운영에 여러 문제가 생기기 시작했어.

고양이 호텔의 주인 '마스터냥'은 통통하고 푸근해 보이는 외모와는
달리 잔꾀가 많은 욕심쟁이였어. 신비한 마법도 부릴 줄 알았지.

마스터냥이 마침내 세 아이를 발견한 그날,
이 이야기가 시작되었지.

지안이는 친구들에게 '공부의 신'으로 불려. 성이 '신씨'인 데다 수업 시간에 선생님 질문에 대답을 척척 잘해서 친구들이 지어 준 별명이야.

지안이는 수업이 끝나면 늘 집 근처 도서관에 가.
지안이가 하루 중에서 제일 좋아하는 시간이지.

동그란 안경 너머 지안이의 눈동자가 호기심으로 반짝였어.
지안이는 망설임 없이 도서 대여증을 꺼냈지.

고양이를 데리고 가는 호텔?

고양이가 가는 호텔?

무슨 이야기일까?

지안이가 동네 도서관에서 나와 집으로 가고 있을 때였어. 고양이 울음소리가 들렸어.

공원 구석에는 아기 고양이 세 마리가 몸을 파르르 떨고 있었어. 재하와 유나가 아기 고양이들 앞에 쪼그려 앉아 있었지.

배가 고픈가?
추워서 그러나?

재하는 유나와 지안이네 반 학급 회장이야.

다정하고 배려심이 많아서 반 친구들 모두가 재하의 팬이지.

재하
재하
재하
재하
우리 반 회장 재하
다정다감 최고

아이들은 모두 한마음으로 고양이들을 보살폈어. 그릇에 물을 따라 주고 주변에 있는 뾰족한 돌멩이와 유리 조각은 멀리 치웠지.

얼마나 시간이 흘렀을까? 고양이 한 마리가 나타났어. 드디어 엄마 고양이가 돌아온 거였지. 엄마 고양이는 아이들에게 고맙다고 인사하듯 소리를 냈어. 그리고 고양이 가족은 함께 어딘가로 떠났어.

떠나는 고양이 가족의 뒷모습을 바라보고 있었던 건 아이들만이 아니었어. 멀리서 망토를 두른 고양이 한 마리가 이 모든 걸 다 지켜보고 있었지. 바로 고양이 호텔의 주인 마스터냥이었어. 마스터냥의 눈동자가 한순간 번개 치듯 강렬하게 번쩍였어.
고양이 호텔
경영 비법책
그러자 지안이의 가방 안에 있던 책이 금빛으로 반짝였어. 동시에 책의 마지막 페이지에는 지안이와 재하, 유나의 이름이 적혔어. 물론 아이들은 아무것도 알아차리지 못했지.

그날 밤, 지안이가 도서관에서 빌려 온 책을 꺼내 막 읽으려는 순간, 눈꺼풀이 너무나도 무겁게 느껴졌어.
왜 이렇게 졸리지?
지안이는 책을 끌어안은 채로, 스르르 잠이 들고 말았지.

다시 눈을 떴을 때는 주위가 어두웠어.
지안이는 눈을 비비며 몸을 일으켰어.

어라?

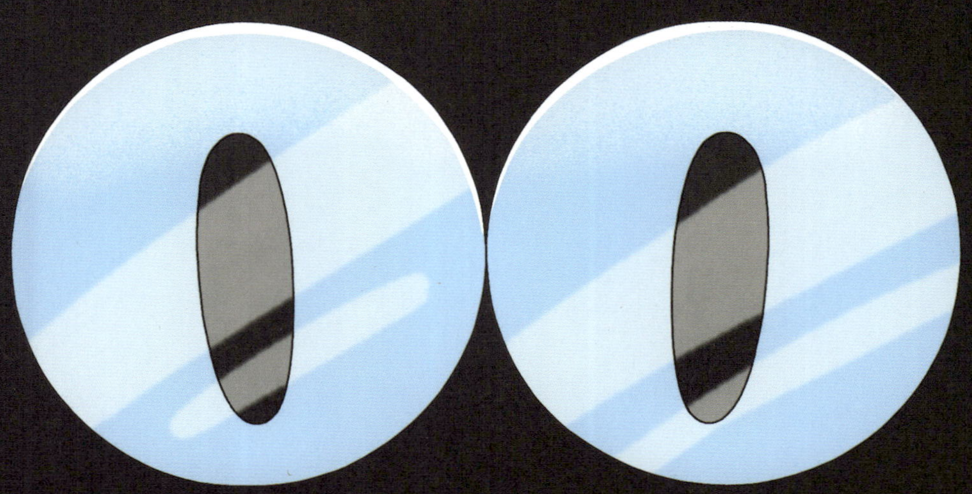

지안이는 깜짝 놀라서 자기 몸을 여기저기 만져 봤어. 가늘고 긴 털로 덮여 있어서 몸 전체가 부드러웠지. 풀밭에는 평소에 쓰던 동그란 안경이 떨어져 있었어. 지안이는 귀를 쫑긋 세운 채, 구슬처럼 투명한 눈으로 주위를 둘러봤어.

풀밭에는 고양이 두 마리가 부스스 일어나 눈을 비비적거리고 있었어.
서로를 발견한 고양이들은 놀라서 눈이 더 동그래졌지.

익숙한 말투와 목소리,
발목에 있는 비즈 팔찌.
유나가 틀림없었어.

한편, 옆에 있는 고양이는 잠이 덜 깼는지 눈을 끔뻑거렸어. 검은빛 털에 맑고 투명한 눈을 가진 고양이였지.

흐아암! 무슨 상황이지?
왜 이렇게 시끄러워?

재하

그때였어. 저 멀리서 아이들을 바라보고 있던
마스터냥이 아주 큰 울음소리를 냈어.
야아아

야아옹!
이상하게도 아이들은 그 소리를
또렷하게 알아들을 수 있었지.

그리고 이곳은 고양이 호텔이다냥.
너희는 내 호텔의 직원으로 고용됐다냥.

고양이 직원들은 동물 손님들을 위해
고양이 호텔을 운영해야만 한다냥.

길고양이 가족을 도와준 너희 세 명에게서 따뜻한 마음과
협동심, 현명한 문제 해결 능력을 확인했다냥.

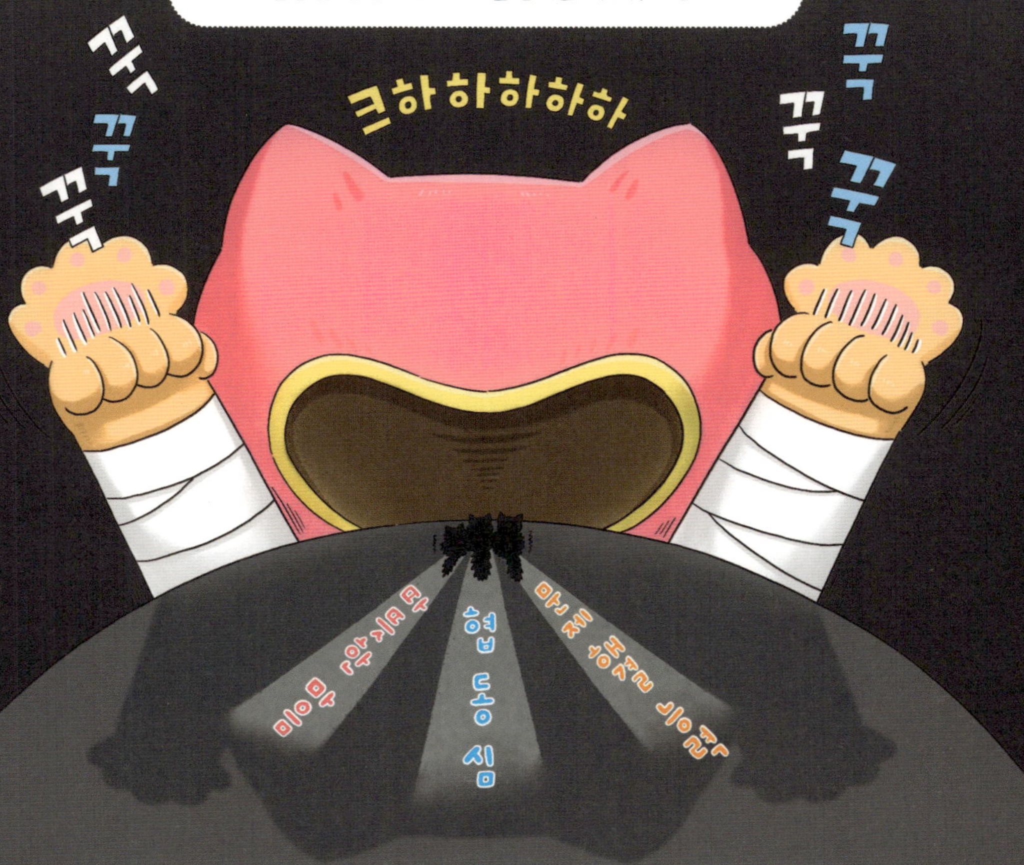

그래서 내가 특별히 너희에게 마법을 걸어,
고양이 호텔 근로 계약서에 사인하게 했다냥. 내가 준 미션 두 가지를 잘 수행한다면
다시 인간으로 되돌려 집으로 보내 주겠다냥.

위 계약에 동의합니다.

지안	재하	유나

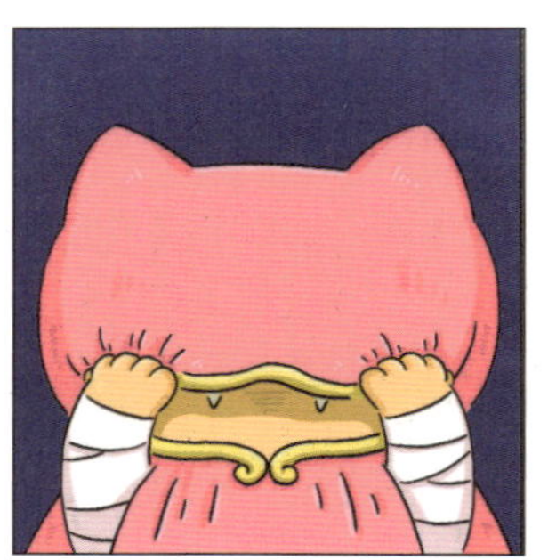

첫 번째 미션
고양이들을 도와서 고양이 호텔을 경영하라냥.

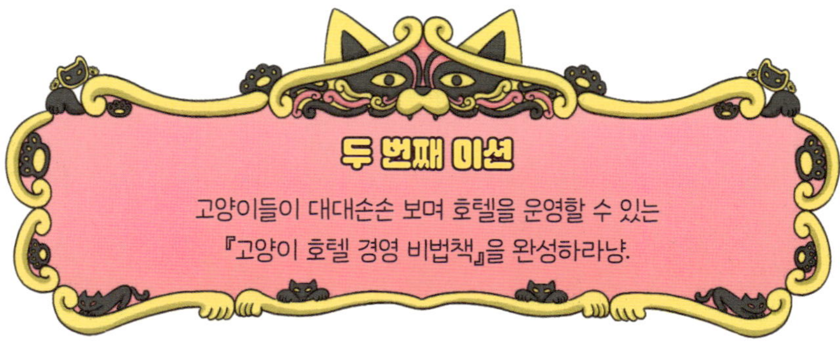

두 번째 미션
고양이들이 대대손손 보며 호텔을 운영할 수 있는
『고양이 호텔 경영 비법책』을 완성하라냥.

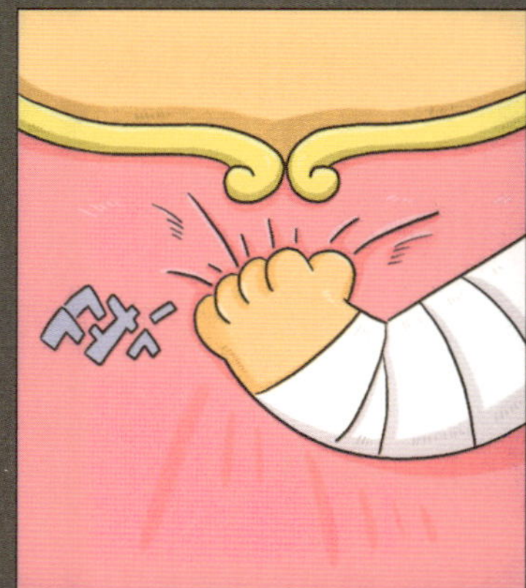

첫 번째 미션을 성실히 수행하다 보면 두 번째 미션은 자연스럽게 해결될 거다냥.

마스터냥은 자기 할 말만 하고는 홀연히 사라져 버렸어.

재하가 얼떨떨한 표정으로
볼을 꼬집으면서 중얼거렸어.

어, 어디 갔지?
이게 다 무슨 말이야?
아직 꿈을 꾸는 중인가….

~냐아아 쭈ー
아아~ 쭈ー

이건 불공정
계약이야! 우린 이 계약을
원한 적이 없다고!

꼬리 펑

지안이는 두 팔을,
아니 두 앞다리를
휘두르며 말했지.

유나는 고양이로 변한
모습이 마음에 드는지
신나는 표정이었어.

얘들아, 우리가 언제
고양이 호텔을 운영해 보겠어?
재미있을 것 같지 않아?

고양이 호텔 경영 비법책
들썩
들썩
들썩
그때 풀밭에 놓여 있던 책 한 권이 들썩들썩 움직였어. 바로 지안이가 도서관에서 빌렸던 『고양이 호텔 경영 비법책』이었지.
지안이가 책을 집어 들자, 갈 곳을 알려 주듯 빛이 났어. 아이들은 그 빛을 따라갔어.
파앗!

고양이
호텔
번쩍!
덜컹
끼이이익–

빛의 끝에는 고양이 호텔이 있었어.
아이들은 무언가에 이끌리듯 호텔 안으로 들어갔어.

지안이의 손, 아니 앞발에는 여전히 비법책이 들려 있었지.

띠링!
DOG 8:00
80%
고양이 호텔 VIP
숙박권
결제 수단
마일리지 결제
카드 결제
0원
최종 결제 금액

척!
척!
착!

잘 다녀와,
토토!

탁!
고양이
호텔

첫 번째 이야기

우왕좌왕
몰티즈 손님맞이

고양이 호텔 입구에는 마스터냥의 동상이 세워져 있었어. 아이들이 호텔로 들어가자 마스터냥 동상의 눈동자가 셋을 따라 움직였어. 마치 아이들을 지켜보는 것처럼 말이야.

"나 봐, 꼬리도 막 움직일 수 있어!"

유나가 사뿐사뿐 뛰면서 신기한 듯 말했어.

설레어 하는 유나와는 달리 재하는 어두운 얼굴이었지.

“언제까지 여기에 있어야 할까? 부모님이 걱정하시면 어떡해?”

“그래도 여기 있는 동안에는 학원 안 가도 되잖아. 그건 좋지?”

유나의 말에 지안이도 슬그머니 웃음이 났어.

고양이 호텔 로비에 들어서자, 아이들이 입고 있던 옷은 어느새 호텔 유니폼으로 바뀌었어.

“옷이 바뀌었어! 이제 진짜 고양이 호텔 직원이 되나 봐!”

“음, 논리적으로 이 상황을 설명해 보자면….”

아이들이 저마다 한마디씩 했어.

한편, 호텔에서는 고양이 직원들이 분주하게 일을 하고 있었어.

"유나야, 재하야. 우리도 일을 해야겠지?"

"뭘 해야 할까? 말만 해! 나 권유나가 바로 출동한다!"

"학교에서 이런 건 배운 적이 없는데…."

아이들이 우왕좌왕하는 동안 한 손님이 로비에 도착했어. 하얀 신사, 몰티즈였어.

고객 응대
안 하나요? 왈!
귀, 귀여워!

내 이름은 토토. 인간 가족을 처음 만난
날이 토요일이어서 붙여진 이름이죠.
뷰가 좋은 높은 층으로 부탁해요. 왈!

네, 잠시만요!

고양이 호텔 고객 관리
방 901호
고객명 토토
종 몰티즈(개)
나이 14살? 15살?
기타

여기 객실
열쇠입니다!

11번 냥,
9층 객실로 손님을
안내해 줘요.
네! 저요?
빨리 쉬고
싶군요. 왈!

얼떨결에 대답한 재하는 토토와 함께 엘리베이터로 향했어. 당황해서 머릿속이 하얘졌지.

'손님 짐을 챙겨서 9층으로 올라가면 되겠지? 그다음은….'

엘리베이터를 타던 재하는 토토가 다리를 살짝 절뚝거리는 걸 알아챘어.

"혹시 다리가 불편하신가요? 그럼 1층 방으로…."

"아니요. 왈! 난 높은 층이 좋다고요. 호캉스하는 개에게 뷰보다 더 중요한 게 어디 있겠어요? 왈!"

"아, 걷기 힘드신 것 같아서요."

“이건 슬개골 탈구예요. 나처럼 나이 많은 개들이 흔히들 겪는 병이죠. 왈!”

“나이가 많으신가요? 전혀 그렇게 안 보여서요!”

재하는 조심스럽게 질문했어.

“몰티즈는 원래 몸집이 작아서 다 큰 개도 아기 강아지로 오해를 받곤 해요. 왈! 난 태어난 지 15년이나 됐다고요. 왈!”

동물 나이가 인간 나이와 계산법이 다르다는 것쯤은 재하도 알고 있었어.

“나이가 많아지고 보니 휴식이 필요해 호텔에 들렀어요. 어릴 때

부터 도시에 살면서 호캉스를 즐겨 왔거든요. 왈!"

어느새 엘리베이터는 9층에 도착했어. 엘리베이터 문 바로 앞에 901호가 보였지. 재하는 무엇을 해야 할지 몰라 토토의 눈만 물끄러미 쳐다보며 가만히 서 있었어.

그런 재하를 본 토토가 웃음을 터뜨렸지.

"신입 직원인가 보군요. 여기서부터는 내가 알아서 할게요. 왈!"

토토는 능숙하게 문을 연 뒤, 짐 가방을 챙겨 들고 방 안으로 들어갔어.

긴장했던 재하는 그제야 한숨 돌렸어. 9층에서 다시 1층으로 내려오는 동안 고양이 호텔과 직원들의 모습을 전체적으로 볼 수 있었지. 엘리베이터가 유리로 되어 있었거든.

'5번 냥'과 '6번 냥'은 7층과 8층 계단을 오르락내리락하며 뛰어놀고 있었어. 둘은 고양이 치고는 다리가 짧았는데, 그런 다리로도 놀라울 만큼 빠르게 달리고 있었지. 7층에서는 털 무늬가 독특하고 매력적인 '7번 냥'이 깨끗한 복도 바닥을 닦고 또 닦고 있었어. 6층 복도 한구석에서는 통통한 '2번 냥'이 상자 속에 들어가 깊은 잠에 빠져 있었어.

"앗!"

엘리베이터가 6층을 지나 5층으로 내려가는 순간, 재하는 동그란 얼굴에 귀가 앞으로 접

9
띵!
8
8층
냐아아옹~!
냥!
7
헉
쌱쌱
샤샤샥
샤샤샥
6
방해 금지
5
꾸벅
냥!
4
와!
3
파바박
2
1
고양이 호텔

힌 '3번 냥'과 정면으로 눈이 마주쳤어. 재하는 놀랐지만 어색하게 고개를 꾸벅 숙여 3번 냥에게 인사했지.

4층에서 재하는 또 한 번 놀랐어. 아는 얼굴을 발견했거든.

"유나잖아?"

유나는 '10번 냥'과 즐겁게 대화를 하고 있었어. 10번 냥은 물고기 모양 가방에서 뭔가를 꺼내 유나에게 보여 주려는 것 같았지.

'유나의 저 친화력… 정말 대단해.'

3층에서는 '9번 냥'이 캣 휠 위를 신나게 달리고 있었고, 2층에서는 '8번 냥'이 캣 타워를 끙끙대며 옮기고 있었어.

무엇이든 척척 잘할 것처럼 보였던 프런트 데스크의 '1번 냥'은 손님이 오지 않자 턱을 괴고 호텔 입구만 하염없이 바라봤어.

"하암, 따분해. 오늘은 몰티즈 손님이 끝인가?"

재하가 1층에서 내린 뒤 얼마 지나지 않아서 지안이가 동그란 안경을 치켜올리며 뛰어왔어.

"여기 뭔가 정신없지 않아?"

"응. 엘리베이터 타고 내려오면서 봤는데 고양이 직원들이 호텔 일을 제대로 하지 않는 것 같아."

그때였어.

"각자 맡은 역할이 분명하지 않아서 그래요. 왈!"

'왈!' 소리에 아이들은 깜짝 놀라 뒤를 돌아봤어. 몰티즈 손님 토토가 서 있었어.

"아하, 그래서 각자 자기가 하고 싶은 일만 하고, 함께 해야 하는 일은 제대로 역할을 나누지 않은 건가요?"

재하가 무언가 깨달았다는 듯이 말했어.

"그래서 정신이 없어 보였던 거군요!"

지안이가 대답과 동시에 손에 들고 있던 『고양이 호텔 경영 비법책』을 펼쳤어. 표지를 넘기자 '첫 번째 비법'이라고 적혀 있었지.

중간중간 종이가 낡아서 찢겨 있거나, 글자가 흐릿해져서 보이지 않는 부분이 있었어.

"이제 알겠어! 우리가 처음으로 해야 할 일을!"

책을 한참 바라보던 지안이가 외쳤어.

"처음으로 해야 할 일?"

재하가 어리둥절한 표정으로 물었지.

"응. 마스터냥이 말했잖아. 고양이들을 도와 호텔을 잘 운영하면 인간 세계로 돌아갈 수 있다고. 우리가 고양이들을 돕는 첫 번째 방법은 바로 역할 나누기야."

"똑똑한 고양이군요. 왈! 손님이 호텔에 방문해서 떠나기까지의 과정을 떠올리면 도움이 될지도 모르겠네요. 왈!"

토토가 제안하자 재하가 말했어.

"아, 예전에 가족여행 갔을 때 호텔에서 묵었던 적 있어."

"그래? 그럼 호텔에 처음 들어갔을 때부터 순서대로 기억을 떠올려 봐!"

"우선 프런트 데스크에서 체크인을 하고 객실 열쇠를 받았어. 그러고 난 뒤에는 한 직원이 우리 가족 짐을 옮겨 주면서 객실까지 안내해 줬어."

재하는 기억을 더듬으며 말을 이었어.

"객실 문을 여니까 깨끗한 침대와 화장실이 있었어. 화장실에는 커다란 욕조가 있었는데, 그곳에서 물놀이를 했어!"

"좋아. 그럼 내가 정리를 해 볼게."

책에는 메모 페이지가 중간중간 있었어. 지안이는 이 페이지에 지금까지 들은 내용을 정리했지.

"프런트 데스크에서 일하는 고양이 직원, 호텔 객실로 안내해 주는 직원이 필요해. 또 호텔을 깨끗하게 청소해 주는 직원도 있어야겠군. 재하야, 또 기억나는 거 없어?"

"깨끗하고 푹신한 침대에서 푹 자고, 다음 날 아침에는 호텔에 있는 식당에서 밥을 먹었어."

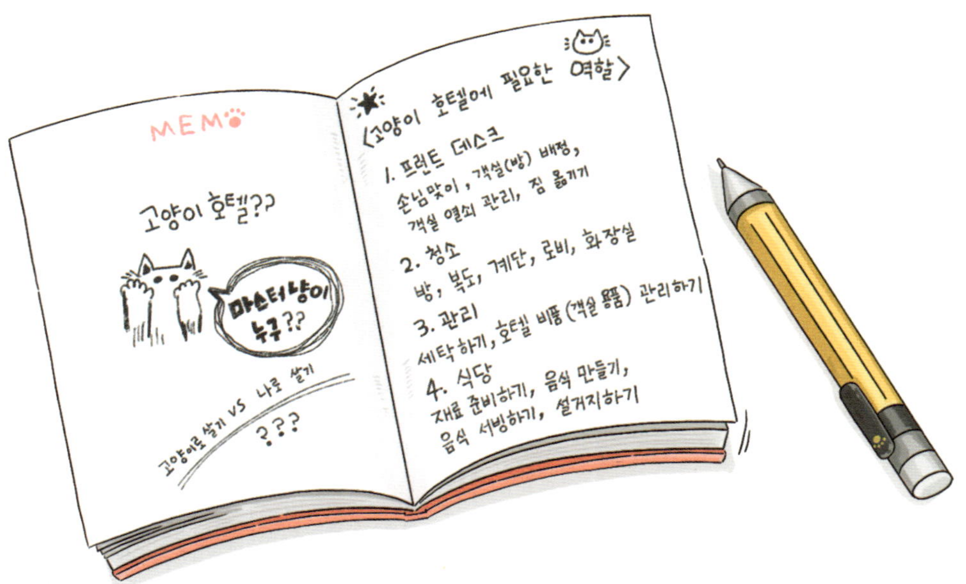

“침구를 깨끗하게 세탁하는 직원과 식당에서 일하는 직원이 필요해.”

지안이는 이어지는 재하의 말을 빠짐없이 메모했어.

“그럼 누가 어떤 역할을 맡아?”

지안이의 메모를 본 재하가 물었어.

“하고 싶은 역할을 해야지!”

갑자기 나타난 유나가 당연하다는 듯 대답했어.

“깜짝이야!”

“유나야, 언제 왔어?”

“중요한 순간에 이 권유나가 빠지면 안 되지.”

재하가 걱정스러운 표정으로 물었어.

"혹시 고양이들이 서로 같은 역할을 하겠다고 싸우면 어떡해?"

그러자 유나가 눈을 반짝이며 제안했어.

"그럴 땐 선착순으로 정하자! 출발선을 정해서 달리기를 하는 거야. 먼저 도착하는 고양이부터 원하는 역할을 맡는 거지."

"그건 불공평해. 달리기가 느리면 불리하잖아."

"신지안, 네가 달리기가 느려서 그러는 거 아냐?"

"아니거든!"

유나와 지안이가 투닥거렸어. 한편, 재하는 골똘히 생각에 잠겼어.

"우리 학교라면, 우리 반이라면 이럴 때 어떻게 했을까?"

"그럼 선생님이 학급 회의를 열었겠지."

"맞아. 그리고 학급 회장인 재하 네가 의견을 모았겠지."

어느새 유나와 지안이는 같은 생각을 하고 있었어.

"회장, 회의…. 나 뭘 해야 할지 알 것 같아!"

"뭘?"

유나와 지안이가 동시에 물었어.

"대표가 필요해!"

재하의 대답을 들은 토토는 씨익 웃으며 로비 한가운데로 가더니 크게 짖기 시작했어.

"왈, 왈, 왈!"

"무슨 일이지?"

"9층에 묵는 몰티즈 손님 목소리 같은데?"

"빨리 가 보자!"

고양이 직원들이 헐레벌떡 달려왔어.

"이 친구가 할 말이 있다는군요. 왈!"

토토의 말이 끝나자 재하가 목소리를 가다듬고 말했어.

"고양이 호텔을 잘 운영하기 위해 대표가 필요해요. 대표가 되고 싶은 고양이가 있으면 손을 들어 주세요! 투표로 공정하게 대표를 뽑을 거예요."

그러자 고양이들이 웅성거리기 시작했어.

"대표가 뭐야?"

"투표가 뭐야?"

"손? 손은 뭐지?"

"난 발만 있는데?"

고양이 직원들의 질문에 재하가 차근차근 설명했지.

"대표란 '고양이 호텔 직원들의 의견을 대신하여 나타내는 고양이'를 말해요. 그래서 대표가 되면 직원들의 의견을 잘 들어야 하죠."

토토가 재하의 말에 설명을 덧붙였어.

"대표가 되고 싶은 후보는 공약을 말해야 해요. 공약은 '대표로 뽑혔을 때 이런 걸 하겠다.'라고 약속하는 거예요. 왈!"

토토의 말을 들은 1번 냥이 스카프를 고쳐 매며 앞으로 나왔어.

“내가 대표가 되면 호텔 객실 열쇠를 모두에게 나눠 줄게! 원하는 방에서 호캉스를 즐기는 거야.”

1번 냥의 공약을 들은 지안이는 고양이 직원들에게 조금 더 자세하게 설명해야겠다고 생각했어.

“대표는 직원들을 위해서 정말 필요하고 중요한 일을 해야 해. 그리고 그 일을 반드시 할 거라고 약속하는 걸 공약이라고 하지. 공약을 듣고 투표해서 대표를 정하는 거야.”

자, 이제
충분히 이해됐지?
흐음, 그렇다면….
1번냥
다시 공약을 제시하지!
내가 대표가 되면 매일매일 맛있고
잇몸에 좋은 영양제를 주겠어!
영양제?
나한테 꼭 필요한데!
내가 잇몸이 약하거든.
치과 치료를 받아야 하는
고양이들이 많긴 해.
영양제 비싼데
잘됐다.

"휴, 공약이라는 거 너무 어려워. 대표가 되는 건 쉽지 않군."

1번 냥은 후보가 되기를 포기했어.

이번에는 7번 냥이 앞으로 나섰지.

"7번 냥, 정말 이 넓은 고양이 호텔을 혼자 다 청소할 수 있어?"

유나의 설명을 들은 고양이들이 7번 냥을 빤히 쳐다보았어.

"음, 그럼 내가 일주일에 한 번 호텔을 청소하는 건 어때?"

내가 대표가 되면 직원들이 캣 타워에서 노는 시간을 잔뜩 만들게!

우리가 많이 놀면 놀수록 힘이 날 테니까, 고양이 호텔을 더 잘 운영할 수 있지 않을까?

맞아, 맞아!

와! 10번 냥 최고다!

토토의 말이 끝나자 13번 냥 유나가 손을 번쩍 들며 말했어.

"재하, 아니 11번 냥을 추천할래!"

"11번 냥? 11번 냥을 후보로 추천하는 이유가 있나요?"

"11번 냥은 다정하고 배려심이 많아서 고양이 직원들의 마음을 잘 헤아리는 좋은 대표가 될 수 있을 것 같아."

"그럼 11번 냥의 공약을 들어 보죠. 왈!"

유나에게 추천을 받은 재하가 살짝 긴장한 듯 고양이 직원들 앞에서 입을 열었어.

“음, 내가 대표가 되면 직원들이 고양이 호텔에서 하고 싶은 역할을 맡도록 도울게!”

"그럼 '고양이 호텔을 잘 운영하는 데 필요한 약속인지, 진짜로 그 약속을 지킬 수 있는지' 이 두 가지 조건을 만족한 공약을 내세운 7번, 10번, 11번 세 고양이를 후보로 삼겠어요. 왈!"

토토의 말을 들은 유나가 잽싸게 프런트에서 종이를 가져와 똑같은 크기로 잘랐어.

투표를 한다는 토토의 말에 고양이 직원들은 웅성거리기 시작했어. 직원들은 한 번도 투표를 해 본 적이 없었거든.

"대표는 누가 마음대로 결정하는 게 아니에요. 왈! 고양이 직원 모두가 투표용지, 그러니까 투표에 사용하는 종이에 누가 대표가 되면 좋을지 표시해요. 투표 결과에 따라 대표가 결정되죠. 왈."

지안이는 유나가 자른 종이에 무언가를 슥슥 그리기 시작했어. 그러더니 고양이들에게 종이를 한 장씩 나눠 주면서 설명했어.

투표 결과 가장 많은 고양이들이 선택한 고양이가 대표가 될 거야.
이걸 '다수결의 원리'라고 해.

가장 많은 표!

투표를 할 때는 지켜야 하는 원칙이 있어요. 왈!

난 2장!

투표용지는 모두 똑같이
한 장씩 받아요. 왈!

직접 발자국을 찍어야 해요.
다른 고양이한테 시키면
절대 안 돼요.

그리고 후보 중에서
딱 한 고양이에게만
표시해야 해요. 왈!

개표 결과 가장 많은 표를 받은 고양이는 11번 냥, 바로 재하였어. 이렇게 학교에서 학급 회장인 재하는 고양이 호텔에서도 고양이 직원 대표가 되었어.

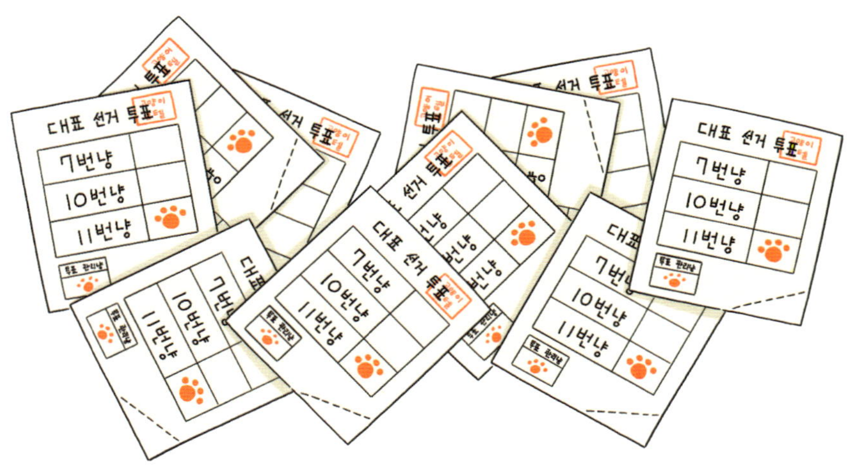

"그럼 이제부터 11번 냥이 고양이 호텔을 잘 이끌어 가면 되겠어요. 왈!"

토토는 재하에게 찡긋 윙크를 하고 방으로 돌아갔어.

"나를 고양이 호텔 대표로 뽑아 줘서 고마워. 우리 호텔을 위해 열심히 일할게."

재하가 꾸벅 인사를 하자 고양이들이 앞발을 들며 환호했어.

"그럼 우리 역할부터 먼저 나누자. 우리 호텔에서 필요한 역할을 적었어. 각자 하고 싶은 역할이 적혀 있는 상자에 들어가면 돼."

여기서 계속 놀면
안 될까?
환영하는 고양이
-프런트 팀-
□ 손님맞이하기
□ 객실 열쇠 관리하기
□ 객실 배정 및 안내하기
□ 손님 짐 옮기기
깔끔한 고양이
-청소 팀-
□ 객실 청소하기
□ 호텔 로비와 복도,
계단 청소하기
□ 침구류 세탁하기
척척척 고양이
-관리 팀-
□ 호텔 시설 관리하기
□ 건물 수리하기
맛잘알 고양이
-식당 팀-
□ 음식 재료 준비하기
□ 요리하기
□ 음식 서빙하기
□ 주방 뒷정리와 설거지하기
상자 안에 들어가니까
기분이 좋아져.
이대로
자고 싶다.

상자는 모두 네 개였어. 각 상자에는 고양이 호텔을 운영하는 데 필요한 역할을 적은 종이가 붙어 있었지.

고양이 직원들은 각자 자신이 원하는 역할이 적힌 상자에 들어갔어. 다행히 모든 상자에 고양이들이 골고루 들어가 앉았어.

한편, 지안이가 『고양이 호텔 경영 비법책』 첫 번째 비법의 지워진 부분을 채우자, 글자가 마법처럼 순식간에 선명해졌어.

"그럼 우리의 역할을 이렇게 나누는 걸로…."

재하의 말이 채 끝나기도 전에 동물 손님, 아니 손님들이 떼 지어 왔어!

첫 번째 비법

호텔 직원들의 역할을 나누어라.

투표를 통한 선거로 공정하게 역할을 나누어야 하느니라.

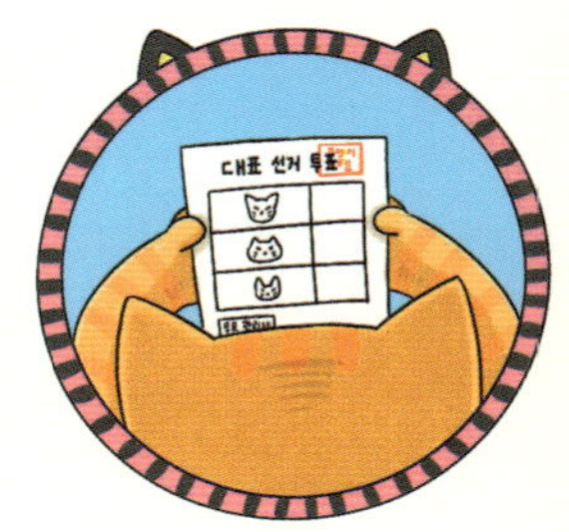

- **투표**란 어떤 것을 정하거나, 선거를 할 때 투표용지에 표시해서 내는 것이니라.
- **선거**란 무리의 대표나 일할 사람을 투표로 뽑는 것이니라.

선거를 할 때 꼭 지켜야 할 4가지 원칙이 있느니라.

- **보통 선거**: 일정한 연령의 모든 국민은 선거에 참여할 수 있느니라.
- **평등 선거**: 조건에 관계 없이 한 사람당 한 표씩 선거권을 갖느니라.
- **직접 선거**: 자신이 직접 투표해야 하느니라.
- **비밀 선거**: 어떤 후보를 선택했는지 다른 사람이 알지 못하게 해야 하느니라.

보통 선거

평등 선거

직접 선거

비밀 선거

투표 결과는 다수결의 원리에 따라야 하느니라.

- **다수결의 원리**란 다수(더 많은 사람)의 의견에 따라서 결정하는 것을 말하느니라.

고양이 호텔 경영 비법 실습

잘 이해했는지 확인해 보겠노라.

반 친구들의 자기소개를 보고, 고양이 호텔의 직원이 된다면
어떤 역할이 잘 어울릴지 연결해 보거라.

요리하는 걸 좋아해. 가장 자신 있는 요리는 떡볶이야.

꽃과 나무를 심고 가꾸는 걸 좋아해.

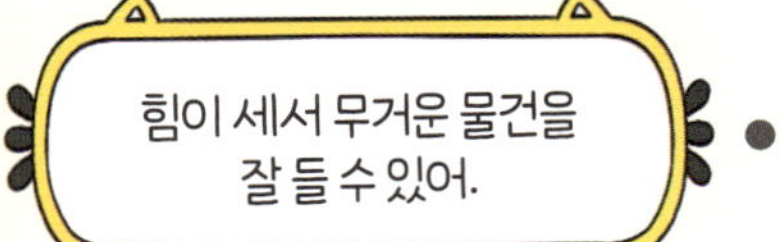

내 특기는 정리정돈이야. 주변이 깨끗해지면 기분이 좋아져.

새로운 사람들을 만나고 도와주는 걸 좋아해.

호텔 정원을 멋지게 가꾸는 정원사가 되라냥!

맛있는 요리를 하는 조리사가 되라냥!

객실 청소를 담당하는 직원이 되라냥!

호텔의 첫인상인 도어맨이 되라냥!

손님의 짐을 운반해 주는 벨맨이 되라냥!

기니피그 텃밭
기니피그 텃밭
기니피그 텃밭
기니피그 텃밭
기니피그 텃밭
휑~
기차가 출발합니다
꾸이이이이이이잉~
기니피그
언덕
역

두 번째 이야기

왁자지껄한 소리의 주인공은 바로 기니피그 단체 손님들이었어.

"자, 그럼 맡은 역할을 시작하도록 해요!"

재하의 말을 들은 고양이 직원들은 각자 맡기로 한 장소로 재빠르게 이동했지.

기니피그 단체 손님들은 곧장 프런트 데스크로 달려왔어. 1번 냥은 서둘러 여러 개의 객실 열쇠를 챙겼어. 그리고 기니피그 손님들에게 차례로 열쇠를 건넸지.

"네 마리씩 방 하나를 쓰시면 돼요. 첫 번째 201호 객실은 11번 냥, 두 번째 301호 객실은 12번 냥, 세 번째 401호 객실은 13번 냥이 안내할 거예요."

그런데 열쇠를 받은 기니피그들은 방으로 갈 생각이 전혀 없어 보였지.

"배고파요. 쿠잉쿠잉."

"식당이 어디예요? 꾸잉꾸잉."

조금 전 1번 상자를 골랐던 재하와 지안이, 유나는 배고파하는 기니피그들을 우선 식당으로 안내했어.

"식당은 이쪽이에요!"

식당으로 우르르 몰려간 기니피그들은 계속 배고프다고 야단이었어. 아무리 순한 성격이어도 배고픈 건 참을 수 없는 모양이야.

고양이 호텔
꾸잉 꾸잉
꾸잉
꾸잉
꾸잉 꾸잉
꾸잉 꾸잉
꾸잉
꾸잉
꾸잉
붕붕
배고파!

“건초는 언제 먹어도 정말 맛있어. 꾸잉꾸잉.”

“더 주세요, 더! 아직 부족해요. 쿠잉쿠잉.”

“다른 채소는 없나요? 꾸잉꾸잉.”

식당 팀에서 일하게 된 2번, 3번, 4번 냥은 점차 울상이 되었어.

“도저히 손님들이 먹는 속도를 따라갈 수가 없어!”

평소에는 온화하던 2번 냥이 예민해진 말투로 말했어. 기니피그들이 엄청난 먹성으로 접시를 순식간에 비우고, 계속해서 음식을 요구했기 때문이었지.

“괜히 식당에서 일한다 그랬나 봐. 너무 힘들어.”

“지금 후회할 때가 아니야. 건초가 다 떨어졌어.”

“큰일이네!”

"그럼 어떻게 하지?"

"호텔 뒤쪽에 있는 텃밭에서 채소를 가져오자!"

식당 주방의 뒤쪽 문으로 나가면 호텔에서 관리하는 밭이 있었거든.

그때였어. 기니피그들이 자리에서 벌떡 일어나더니, 앞다투어 주방 뒷문으로 나갔어. 고양이 직원들이 흥분해서 큰 소리로 이야기하는 바람에 대화 내용이 기니피그들에게 다 들렸던 거야.

사각사각. 서걱서걱. 채소 씹는 소리가 조용했던 산속을 가득 채웠어. 고양이 직원들이 밭으로 나갔을 때는 이미 상추, 당근, 오이, 미나리, 쑥갓이 모두 동나 버렸지.

게다가 기니피그들은 정신없이 먹어 대며 여기저기를 어지럽혔어. 순식간에 엉망진창이 된 텃밭의 모습을 본 고양이 직원들은 너무 놀라서 눈이 왕방울만큼 커졌어.

기니피그들은 흐뭇하게 미소 지은 채 한껏 부풀어 오른 배를 문지르며 방으로 갔어. 곧 곯아떨어졌는지 이 방 저 방에서 코 고는 소리가 들렸지.

식당 팀인 2번, 3번, 4번 냥은 진이 빠져서 바닥에 그대로 누워 버렸어. 다른 팀 고양이들도 잔뜩 어지럽혀진 식당과 텃밭을 둘러보며 고개를 절레절레 저었어.

"기니피그들은 골칫거리야."

"예뻤던 텃밭을 엉망으로 만들어 버렸어!"

"다시는 우리 호텔에 방문하지 않았으면 좋겠어."

"쉿! 손님한테 그런 말을 하면 안 돼."

"그나저나 이 상황을 어쩌지?"

고양이 직원들의 불평은 계속되었지.

그 모습을 바라보던 지안이는 뭔가 방법을 찾기 위해 『고양이 호텔 경영 비법책』을 펼쳤어. '두 번째 비법' 장을 펼치자 이번에도 색이 바래서 글씨가 잘 보이지 않는 부분이 있었어.

"흠, 여기에 무슨 단어가 들어가야 될까?"

지안이가 두 눈을 지그시 감고 미간을 찌푸렸어. 유나는 호기심 가득한 눈빛으로 비법책을 흘깃 보더니 바로 외쳤어.

"너무 쉬운데? 규칙! 규칙이 들어가면 딱 되겠네!"

유나가 정답을 말하자 두 번째 비법의 빈칸이 채워지면서 아랫부분에 설명이 나타났어.

"어때, 나 좀 대단하지? 우리의 두 번째 미션은 이 권유나가 설명한다! 지금 상황은 고양이 호텔에 규칙이 없어서 생긴 문제야. 호텔을 운영하는 고양이 직원들이 지켜야 할 규칙, 그리고 이곳을 이용하는 동물 손님들이 지켜야 할 규칙이 필요해."

유나는 고양이 호텔 로비에 있는 벨을 울리며 직원들을 불러 모았어. 배려심 많은 재하는 지친 고양이들을 위해 상자를 여러 개 가져다 뒀지.

재하가 고양이들 앞으로 나와서 규칙을 만들기 위한 회의를 시작하려는데, 1번 냥과 2번 냥의 앞발이 번쩍 올라갔어.

지안이가 재하의 설명에 덧붙였어. 놀이터를 예로 든 덕분인지, 직원들은 규칙이 무엇인지 빠르게 이해했지.

고양이들이 앞다투어 의견을 냈어. 지안이는 고양이 직원들의 의견을 빠짐없이 기록했어. 지안이의 앞발이 부지런히 움직였지.

재하는 고양이마다 서로 다른 의견을 중재하려고 노력했어.

“서로 생각이 다를 때는 양쪽의 의견을 충분히 듣고 다수결로 정하면 돼. 더 많은 고양이가 선택한 의견을 따르자.”

재하의 말에 고양이들이 고개를 끄덕였어.

“아픈 상황에서 직원들은 어떻게 해야 할까? ‘일해야 한다’, ‘쉬어야 한다’ 중에서 동의하는 방향으로 고개를 기울여 줘.”

한 마리를 제외한 모든 고양이가 '쉬어야 한다' 쪽으로 고개를 기울였어. '일해야 한다' 쪽으로 고개를 기울인 단 한 마리는 바로 1번 냥이었어. 모두 1번 냥을 바라보았지. 주목을 받아서 만족스러워진 1번 냥은 다시 오른쪽으로 고개를 기울였어. 이로써 이번 규칙은 만장일치로 결정됐어.

"그럼 동물 손님들이 지켜야 할 규칙도 말해 보자."

이번에도 고양이들은 열심히 의견을 냈어.

"마음대로 텃밭에 가서 채소를 먹으면 안 돼."

"손님들은 우리가 서빙해 준 음식만 먹어야 해."

기니피그 손님들 때문에 고생했던 2번, 3번 냥은 식당 규칙에 대한 의견을 많이 냈어.

"아무 데서나 용변을 보면 안 돼. 반드시 화장실을 써야 해."

청소 팀 팀장을 맡은 7번 냥이 의견을 냈어.

"늦은 시간에 시끄러운 소리를 내면 안 돼."

"자기 마음대로만 행동하면 안 돼."

"직원들의 말을 따라야 해."

"우리 고양이 직원의 안내를 잘 들어야 해!"

이번에도 역시 지안이가 회의 내용을 꼼꼼하게 정리했어. 지안이는 고양이 직원들의 의견을 정리한 종이를 모두에게 보여 줬어.

"오, 대단해!"

"우리가 함께 만든 규칙은 고양이 호텔에 있는 모든 동물이 꼭 지켜야 해. 한번 만들어진 규칙을 영원히 지켜야 하는 건 아니야. 우리가 생활하면서 고쳐야겠다는 생각이 들면, 얼마든지 바꾸거나 새롭게 만들 수 있어."

"모두가 볼 수 있게 호텔 로비에 붙여 놓자!"

고양이
호텔
착
〈고양이 호텔 규칙〉
1. 고양이 호텔을 이용하는 동물 손님들이 지켜야 할 규칙
(1) 예의를 지킨다: 시끄럽지 않게 조용조용히!
(2) 정해진 일은 정해진 장소에서만 한다.
식사는 식당에서! 응가는 화장실에서!
(3) 필요할 때는 직원들의 말에 따라야 한다.
2. 고양이 직원들이 지켜야 할 규칙
(1) 손님들에게 예의 바르게!
(2) 맡은 일을 먼저! 일을 다 끝내고 나서 캣 타워를 이용한다.
(3) 너무 아프면 쉰다.

<고양이 호텔 규칙>

1. 손님들이 지켜야 할 규칙

① 호텔에서 예의를 지켜 주세요.
다른 손님들을 위해 매너 있는 행동을 부탁드려요.

② 정해진 일은 정해진 장소에서만 해 주세요.
식사는 식당에서! 볼일은 화장실에서!

③ 필요할 때는 직원의 말에 따라 주세요.

2. 직원들이 지켜야 할 규칙

① 손님에게 친절하고 예의 바르게 대해요.

② 맡은 일을 다 끝내고 나서 캣 타워를 이용해요.

③ 너무 아프면 동료에게 말하고 휴식을 취해요.

두 번째 비법

호텔의 규칙을 만들어라.

모두가 더불어 살아가기 위해서는 규칙과 법이 필요하니라.

- **규칙**이란 호텔이나 학교 등 어떤 조직, 단체에서 여러 사람이 다 함께 지키기로 정한 약속이니라.
- **법**이란 한 국가(나라)에 사는 사람들이 반드시 지켜야 하는 약속이니라.
- **규칙**과 **법**은 사람들 사이의 갈등(다툼)을 해결해 주고, 질서를 유지하는 데 필요하니라.

규칙과 법을 만들 때는 다수결의 원리가 필요하니라.

- **다수결의 원리**에 따라 규칙과 법을 정하더라도 소수의 의견도 존중해야 하느니라.

규칙과 법을 만들 때는 그 과정이 민주적이어야 하느니라.

- **민주주의**란 어떤 한두 사람이 마음대로 결정하는 것이 아니라, 모든 사람이 자유롭고 평등하게 의사 결정에 참여해야 하는 것이니라.

잘 이해했는지 확인해 보겠노라.

다음 그림을 보고 고양이 호텔의 각 장소에 필요한 규칙을 만들어 보거라.

벌컥
텅- 텅-

얘들이 도대체
어딜 간 거지?

확!
Candy
Candy
Chocolate

세 번째 이야기

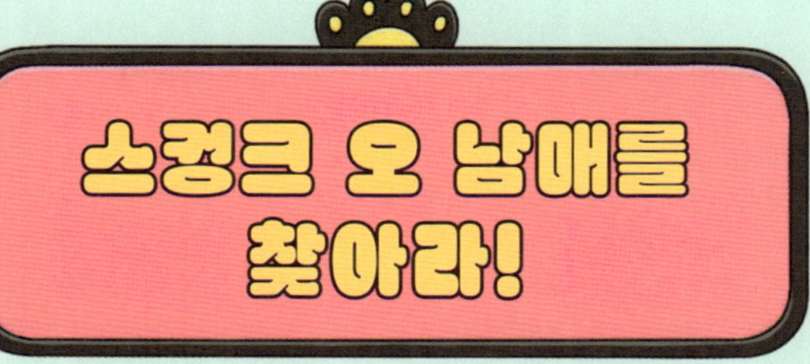

스컹크 오 남매를 찾아라!

조용한 어느 날, 유나와 재하, 지안이는 로비에 모였어.

"너무 신기해. 우리가 고양이로 변한 데다가 동물 손님들까지 맞이하다니!"

"고양이 호텔에서 직원들의 역할도 나누고, 규칙도 만들고."

"여기에 온 지 벌써 일주일이 지났어. 그런데 호텔에 손님이 너무 적지 않아?"

지안이가 구슬처럼 투명한 눈을 가늘게 뜨며 물었어.

"응. 강아지 토토 손님도, 기니피그 손님들도 떠나고, 지금은 스컹크 오 남매만 투숙 중이야."

유나가 고개를 양옆으로 돌려 주변을 확인한 후, 지안이와 재하에게 소곤소곤 말했어.

"내가 새로운 정보를 알아 왔어. 1번 냥이 그러는데 예전에는 고양이 호텔이 손님들로 북적북적 붐비는 아주 인기 많은 호텔이었대. 그런데 『고양이 호텔 경영 비법책』이 망가지고 난 뒤로는 손님들이 확 줄어들었다는 거야."

"아! 그때 그 마스터냥이 우리한테 이걸 완성하라고 한 게 그래서였구나."

"완성만 하면 우리 원래대로 돌아갈 수 있는 거겠지?"

지안이는 다시 『고양이 호텔 경영 비법책』을 꺼냈어. 첫 번째 비법과 두 번째 비법이 완성되어 있었지. 아이들은 두근거리는 마음으로 세 번째 장을 펼쳤어.

“와 층별 안내도 만들기?”

“오호, 만들기? 이건 나한테 맡겨! 나 만들기 잘하는 거 알지?”

유나가 비즈 팔찌를 흔들며 자신만만하게 말했어.

그 순간, 어디선가 구리구리한 냄새가 나기 시작했어. 냄새의 주인은 검은색 털에 흰색 줄무늬가 있는 스컹크였어. 재하는 헐레벌떡 로비 프런트 데스크로 뛰어오는 스컹크에게 물었어.

“스컹크 손님, 무슨 일 있나요?”

“도, 도와줘요…! 삑삑.”

보아하니 스컹크 오 남매 중 첫째 스컹크였지.

첫째 스컹크는 다급한 목소리로 말했어.

"동생들이 모두 사라졌어요. 삑. 스컹크는 호기심이 많고 활발해서 어디든 다니는 걸 좋아하거든요. 삐삑. 아무리 찾아도 안 보여요. 삐삐빅."

재하는 얼른 고양이 직원들을 불러 모았어.

"긴급 상황 발생! 모두 흩어져서 스컹크 동생들을 찾아요!"

고양이들은 모두 뿔뿔이 흩어졌어. 그런데 큰 문제가 생겼지.

"여기는 호텔 앞이야, 뒤야?"

"다시 프런트로 돌아가려면 어디로 가야 하지?"

"으아, 여기가 도대체 어디야! 처음 와 보는 곳인걸?"

고양이 직원들까지 길을 잃어버린 거야. 다들 자신의 영역이 아닌 곳은 잘 모르고 있었거든.

"호텔 지도가 필요해!"

지안이가 외쳤어. 지안이는 며칠 새 고양이들 사이에서 똑똑한 직원으로 자리매김했지.

"12번 냥이 멋있는 단어를 말했어."

"그게 뭐야?"

지안이는 고양이 직원들의 말을 듣고 깜짝 놀랐어.

"고양이 호텔에는 지도가 없어?"

"지도가 뭔데? 호텔에 꼭 필요한 거야?"

"특정 장소의 실제 모습을 일정한 비율로 줄여서 그림으로 나타낸 걸 지도라고 해."

5번 냥의 질문에 지안이가 대답했어. 그러자 동그란 얼굴에 통통한 뺨이 귀여운 3번 냥이 나섰어.

"그림이라면 자신 있어. 내가 호텔 지도를 그려 볼게!"

모두 깜짝 놀랐어. 3번 냥은 평소 조용하고 얌전해서 남들 앞에 잘 나서지 않았거든. 3번 냥은 능숙하게 그림을 그렸어.

"고양이 호텔이 작고 예쁘다."

"정말 잘 그렸어. 하늘도 멋져!"

"완벽한 지도야!"

하지만 아이들의 반응은 고양이들과는 달랐지.

"이건 지도가 아니야. 잘 그린 풍경화야."

"풍경화? 풍경화는 또 뭐야?"

"풍경화는 자연 경치를 그린 거야. 즉, 3번 냥이 그린 건 호텔 주변의 경치를 멋있게 그린 풍경화지."

"지도는 어떤 장소가 어느 위치에 있는지 등의 정보를 정확히 전달하기 위해 만드는 거야. 멋진 풍경을 감상하기 위해 그리는 게 아니라고."

유나의 설명이 끝나자, 재하는 고양이들을 팀별로 모았어.

"프런트 팀, 청소 팀, 관리 팀, 식당 팀에서 각자의 역할과 공간을 잘 알고 있는 직원을 팀장으로 정해 주세요. 각 팀의 팀장들은 저와 함께 다니며 호텔 지도를 완성할 거예요."

프런트 팀에서는 1번 냥이, 식당 팀에서는 2번 냥이, 청소 팀에서는 7번 냥이, 관리 팀에서는 10번 냥이 팀장이 되었어. 팀장 고양이들과 재하, 지안, 유나 그리고 3번 냥은 호텔 곳곳을 돌아다녔어. 3번 냥은 가는 장소마다 앞발을 열심히 움직여 가며 스케치를 했어. 호텔 주변을 모두 돌아본 후, 3번 냥은 다시 호텔로 돌아와서 지도를 완성하는 일에 몰두했어.

"이건 어때?"

얼마 지나지 않아 3번 냥은 완성된 그림을 보여 줬어. 이번에 그린 그림도 꽤 멋있었지.

1번 냥의 제안을 들은 3번 냥은 모든 것을 더 단순하게 표현했어. 빽빽하게 그렸던 나무는 듬성듬성하게 그렸고, 사과나무에 달린 사과의 개수도 줄였어. 밭에서 자라는 채소들도 간단하게 표현했지. 호텔 주변의 건물들도 더 단순하게 그렸어.

3번 냥이 난감해하자 10번 냥이 나섰어.

10번 냥은 물고기 모양 가방에서 뭔가를 스윽 꺼냈어. 그걸 본 고양이들의 눈이 휘둥그레졌지.

우아, 이건
노벨 고양이 문학상을 받은
냥냥 님의 사인이잖아!
짜 잔
캣잎
10번 냥
가방엔 없는 게 없네!
내가 냥냥 님의
사인을
직접 보다니!
번
쩍
휙
털썩!
스윽
꾹!
스윽

고양이 직원들은 지안이의 제안을 흥미롭게 받아들였어. 모두 새로운 기호를 만드는 데 신이 났지.

"호텔 주변의 밭부터 기호를 만들자!"

"밭에서 자라는 채소는 어떻게 나타내지?"

"상추, 당근, 오이, 감자, 고구마 등등 채소마다 기호를 다 다르게 만들어야 할까?"

채소는 종류에
상관없이 다 나뭇잎 모양으로
하는 게 어때?
삭!
좋은 생각이야. 그런데
상추, 당근, 오이, 감자, 고구마,
미나리 등 심어 놓은
채소가 많은데
나뭇잎을 도대체 몇 개
그려야 하는 거지?
그럼 채소를
키우는 밭을
나뭇잎 한 장으로
나타내자!
좋아!

기호를 정하는 일은 일사천리로 진행되었어. 호텔은 고양이 발바닥으로, 밭은 나뭇잎으로, 과수원은 사과로, 온천은 김이 모락모락 나는 모양으로, 산은 세모로, 폭포는 기다란 'S' 자 모양으로, 우체국은 우체통으로, 해수욕장은 튜브 모양으로 기호를 정했어.

"그런데 모든 고양이 직원과 손님들에게 이 기호를 하나하나 다 알려 줘야 하는 걸까?"

"난 뒤돌아서면 바로 잊어버릴 것 같아."

그러자 한참 지도를 그리던 3번 냥이 말했지.

"이렇게 지도 아래에 기호랑 뜻을 적어 놓으면 어때?"

"오, 좋아!"

모두 함께 외쳤어.

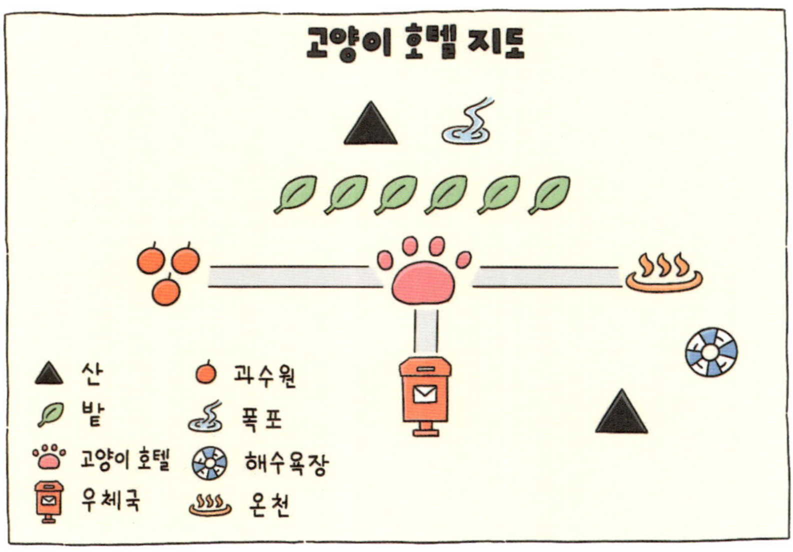

"이제 이 지도를 보면서 스컹크 동생들을 찾자!"

"좋아, 어서 이쪽으로 가자!"

"아니지. 산은 저기 있으니 저쪽으로 가야 해."

“다들 틀렸어. 산은 요 옆에 있으니 요쪽이야.”

고양이 직원들은 모두 다른 방향으로 가야 한다고 말했어.

“음, 지도에 뭔가를 더 표시해야 할 것 같은데….”

지안이는 두 앞발로 이마를 짚으며 고민했어. 그때 1번 냥이 목에 맨 스카프를 매만지며 나섰어.

“기호를 적은 것처럼 지도 한구석에 방향을 표시해 놓자.”

“맞아, 방향이 빠졌어!”

지안이는 그 말을 듣고 지도에 방향 표시가 빠진 걸 깨달았어. 재하도 설명을 덧붙였지.

"1번 냥의 말대로 지도에 방향을 표시하자. 지도의 위쪽을 북쪽으로 정하는 거야."

3번 냥은 지도에 방향 표시까지 추가했어.

"우리 호텔 북쪽에도 산이 있고 동쪽에도 산이 있네? 어느 산이 더 높지?"

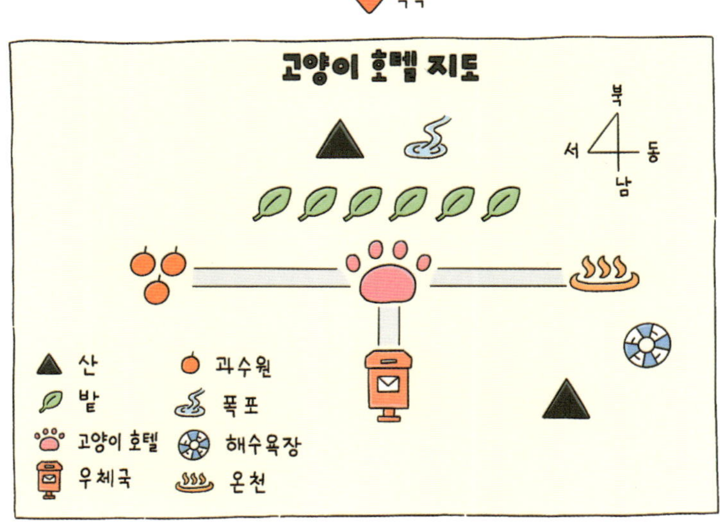

호기심 대장 7번 냥이 지도를 보며 물었어.

"어느 산이 호텔에서 더 가까워?"

호기심 하면 8번 냥도 빠질 수 없었지.

고양이 직원들이 지도에서 궁금한 것들을 서로 묻는 사이, 유나와 재하, 지안이는 다시 『고양이 호텔 경영 비법책』 세 번째 장을 폈어. 이제껏 고양이 직원들과 함께 해결한 내용은 어느새 채워져 있었지. 하지만 아직 완성되지 않은 글자가 있었어.

“기호, 범례, 방위까지 해결했으니까 축척이랑 등고선이 남았어!”

“축척은 실제 거리를….”

유나, 재하, 지안이가 머리를 맞대며 고민하는 사이 대화를 듣던 7번 냥이 다가왔어.

3번 냥이 너무 쉬운 문제라는 듯 가볍게 정답을 맞혔어.

그러자 신기하게도 종이 위에 글씨가 스르르 나타났지. 세 아이는 『고양이 호텔 경영 비법책』의 도움으로 지도를 완성했어.

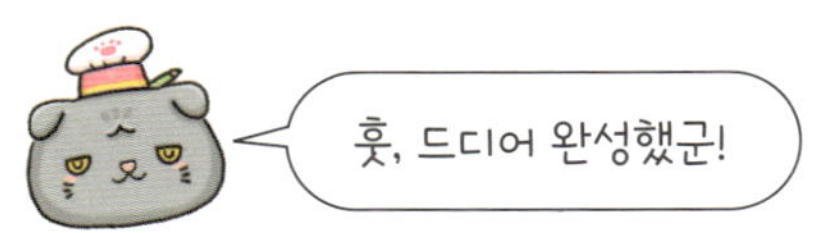

"그럼 이제 호텔 층별 안내도도 만들어 볼까?"

고양이 직원들이 앞다투어 층별 시설에 대해 말하자 3번 냥이 부지런히 안내도를 그려 나갔어. 그런데 이상한 점이 있었어.

"10층에는 뭐가 있어?"

지안이가 의아해하며 물었지.

고양이 호텔은 10층짜리 건물인데 아무도 10층에 무엇이 있는

지 몰랐어. 모두 고개를 갸웃거릴 뿐이었지.

“엘리베이터가 9층까지만 이동해.”

“10층에 가 본 고양이 직원은 아무도 없을걸.”

“10층은 마법을 이용해야만 들어갈 수 있다는 소문이 있어.”

“호텔 주인인 마스터냥만 10층에 들어갈 수 있대.”

“그럼 일단 10층은 빼고 9층까지만 안내도에 표시하자.”

재하의 제안에 지하 1층부터 9층까지의 호텔 층별 안내도가 완성되었어. 고양이 직원들은 호텔 층별 안내도를 로비와 엘리베이터에 붙여 놓기로 했어.

이제 스컹크 손님들을 찾을 모든 준비가 끝났어.

"이제 호텔 지도랑 안내도를 들고 다니면서 스컹크 손님들을 찾자!"

고양이 직원들은 지도와 층별 안내도를 들고 이곳저곳을 돌아다녔어. 방향을 헷갈리지도, 길을 잃지도 않았어.

먹보 둘째 스컹크는 호텔 1층 부엌 안쪽에 있는 식재료 저장 창고에서 발견했어. 저녁을 먹고도 출출했던 둘째는 식당을 어슬렁거리다가 창고를 발견한 거였어. 세탁실에서는 빙글빙글 돌아가는 세탁기를 구경하고 있던 셋째 스컹크를 발견했지.

뛰어다니기를 좋아하는 넷째 스컹크는 호텔 텃밭에서 발견했어. 텃밭을 장애물 삼아 이리저리 뛰어다니고 있었지. 막내 스컹크는 어디에 있었냐고? 바로 캣 휠에서 발견했어. 너무 빠르게 달려서 처음에는 잠시 휴식 시간을 보내고 있는 고양이 호텔 직원인 줄 알았지 뭐야.

스컹크 오 남매 실종 소동을 무사히 마무리하고, 고양이 직원들은 손님들을 위해서 호텔 주변 지도와 층별 안내도를 더 많이 만들기로 했어. 기호를 활용해서 그리자 훨씬 빠르게 여러 장을 완성할 수 있었지. 그림 솜씨가 좋은 3번 냥이 다른 고양이들을 많이 도와줬어. 이제부터는 동물 손님들이 방문했을 때 프런트 데스크에서 방 열쇠와 함께 호텔 지도도 건네기로 했어.

아침 해가 떠오르고, 날이 밝자 호텔에서 묵었던 스컹크 오 남매도 떠나갔어.

어느새 유나, 재하, 지안이의 눈꺼풀이 점점 무거워졌어. 아이들은 스르르 잠이 들었어.

엄마, 아빠가
날 찾고 있는 건
아닐까?
『고양이 호텔 경영 비법책』은
언제쯤 다 완성할 수 있을까?
다음에는
어떤 동물 손님이
찾아올까?
꾸벅
꾸벅
냥냥
냥냥

세 번째 비법

호텔 주변의 지도와 호텔 층별 안내도를 만들어라.

지도를 만들 때는 여러 지도 요소를 활용해야 하느니라.

- **기호**란 땅이나 건물을 간단하게 나타낸 표시이니라.
  실제 모습과 비슷하게 만들기도 하고, 약속으로 정하기도 하느니라.

- **범례**란 지도에 쓰인 기호의 뜻을 풀어 써 놓은 것을 말하느니라.

- **방위**란 방향의 위치를 의미하느니라.
  동쪽, 서쪽, 남쪽, 북쪽의 네 방향을 방위표로 표시하느니라.
  방위 표시가 따로 없으면 지도의 위쪽이 북쪽이니라.

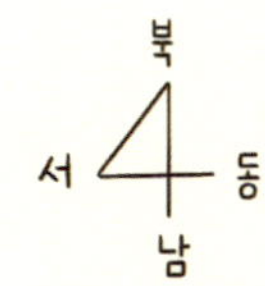

- **축척**이란 실제 거리를 줄여서 지도에 나타낸 정도이니라.
  오른쪽과 같이 표시했다면 지도에서 1cm가 실제로는
  100m이니라.

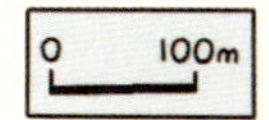

- 지도에서 높낮이를 표현할 때는 등고선과 색을 이용하느니라.
  등고선은 높이가 같은 곳을 연결해서 땅의 높낮이를 나타낸 선으로
  숫자는 땅의 높이를 의미하느니라.
  등고선의 색은 땅이 가장 낮은 곳부터 초록색, 높아질수록 노란색,
  갈색, 고동색의 순서로 나타내느니라.

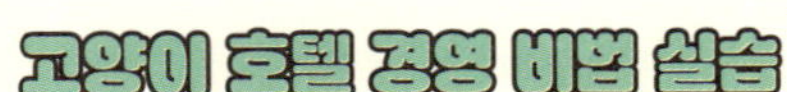

잘 이해했는지 확인해 보겠노라.

고양이 호텔의 특별 이벤트! 고양이 호텔에 투숙한 손님에게 케이블카 할인권을 제공하고 있노라. 다음 지도를 보고 동물 손님이 케이블카까지 찾아가도록 범례를 참고해서 안내해 보거라.

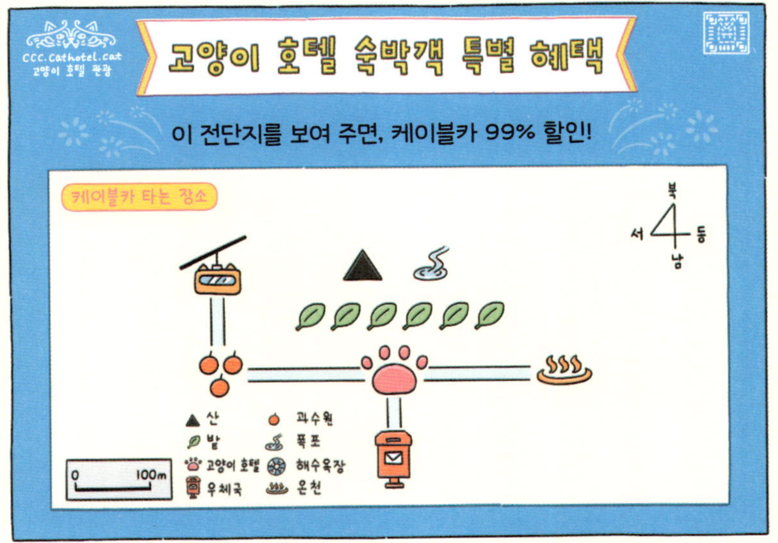

정답 고양이 호텔에서 나와서 서쪽으로 ______ m 걸으면 ______ 이 나옵니다. 고양이 호텔 손님이라고 하면 사과 3개를 선물로 받게 됩니다. 사과를 먹으면서 ______ 방향으로 걸어가면 케이블카 입구에 도착합니다. 케이블카를 탄 후에는 ______ 방향에 있는 폭포를 꼭 보러 가길 추천합니다. 아주 멋있거든요!

77쪽

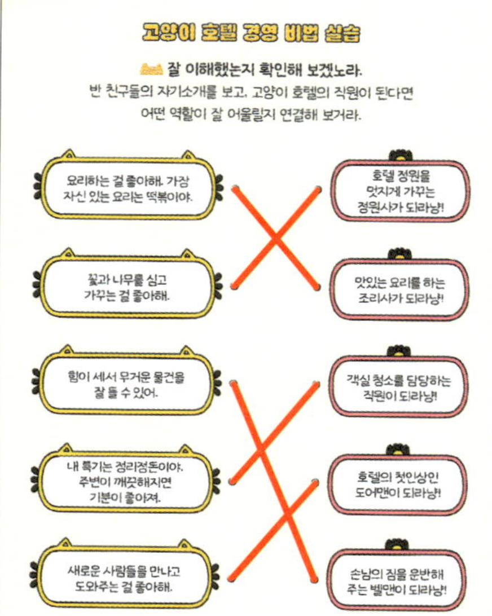

99쪽

고양이 호텔 경영 비법 실습

잘 이해했는지 확인해 보겠노라.

다음 그림을 보고 고양이 호텔의 각 장소에 필요한 규칙을 만들어 보거라.

수영장에서 뛰지 않는다.
구명조끼를 착용한다.
물장구를 치지 않는다.

식당에서 뛰지 않는다.
시끄럽게 떠들지 않는다.

킥보드를 탈 때 조심한다.
잔디를 걷지 않는다.
꽃을 함부로 꺾지 않는다.

127쪽

고양이 호텔 경영 비법 실습

잘 이해했는지 확인해 보겠노라.

고양이 호텔의 특별 이벤트! 고양이 호텔에 투숙한 손님에게 케이블카 할인권을 제공하고 있노라. 다음 지도를 보고 동물 손님이 케이블카까지 찾아가도록 범례를 참고해서 안내해 보거라.

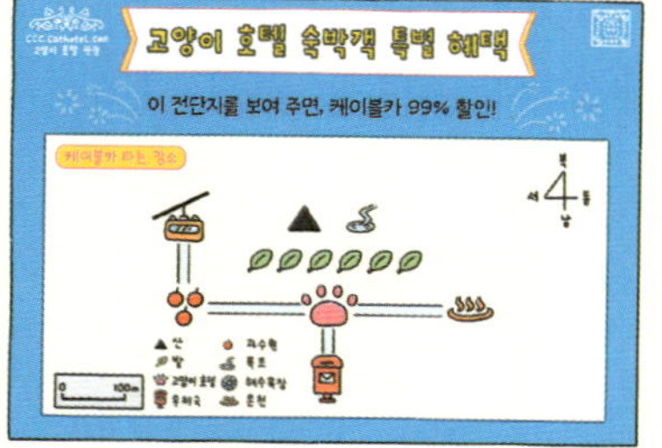

정답 고양이 호텔에서 나와서 서쪽으로 **150** m 걸으면 **과수원**이 나옵니다. 고양이 호텔 손님이라고 하면 사과 3개를 선물로 받게 됩니다. 사과를 먹으면서 **북쪽** 방향으로 걸어가면 케이블카 입구에 도착합니다. 케이블카를 탄 후에는 **동쪽** 방향에 있는 폭포를 꼭 보러 가길 추천합니다. 아주 멋있거든요!

정답: 150 / 과수원 / 북쪽 / 동쪽

과연 세 아이들은
고양이 호텔을 원래대로
돌려놓고, 현실 세계로
돌아갈 수 있을까냥?